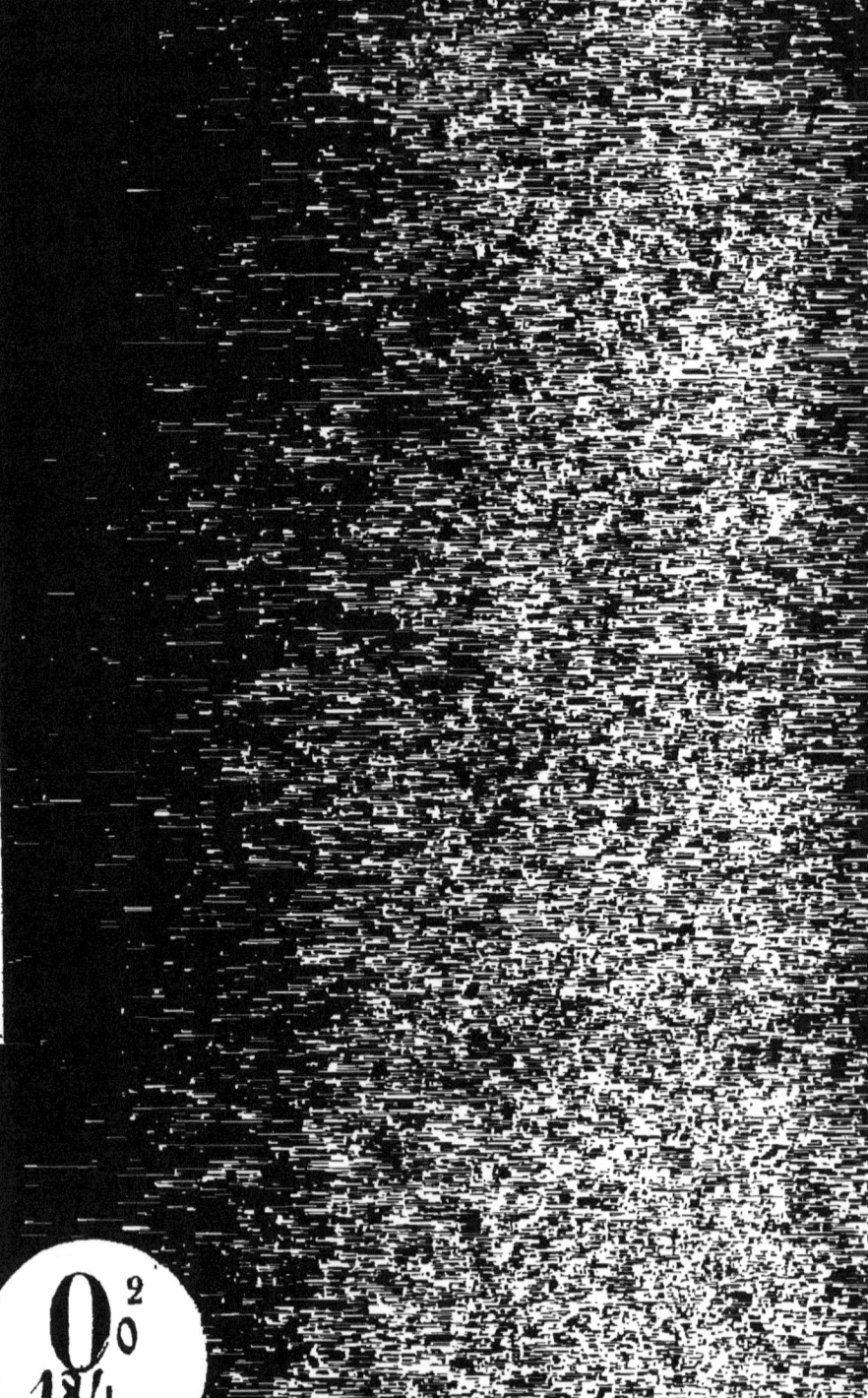

LA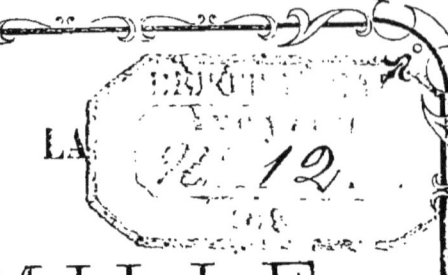

FAMILLE

CHRÉTIENNE.

RODEZ,

IMPRIMERIE DE E. CARRÈRE, LIBRAIRE,

Place de Cité.

—

1866.

LA FAMILLE CHRÉTIENNE.

On nous écrit d'une des îles nombreuses qui forment le vaste empire du Japon, qu'il vivait, il y a quelques mois, un homme très distingué, nommé Titus ; non-seulement à cause de l'illustre origine de sa maison, mais encore et surtout à cause de ses vertus, il jouissait de la plus haute estime parmi ses compatriotes.

Dès longtemps avant sa naissance, de pieux et dignes missionnaires, animés d'un zèle apostolique, avaient traversé l'Océan pour apporter les lumières de l'Evangile aux peuplades païennes de cet empire, et des milliers de Japonais convertis par eux s'étaient fait baptiser.

Titus aussi avait reçu le baptême ; lui et toute sa famille trouvèrent leur plus grand bonheur dans leur foi en Dieu et en Jésus-Christ. La religion chrétienne se propageant de plus en plus dans ces contrées, on devait espérer que tout le Japon abandonnerait le culte des idoles pour n'adorer que le Dieu vivant.

Mais les prêtres païens, craignant de perdre leur influence et leurs richesses, persuadèrent à l'empereur du Japon et aux rois ses tributaires qu'il était de leur intérêt de proscrire le christianisme. On donna l'ordre barbare de livrer aux supplices tous les individus qui ne renonceraient pas aux croyances de l'Evangile.

Néanmoins une innombrable multitude de chrétiens accouraient avec joie à la mort plutôt que d'être infidèles à leur divin Maître et Sauveur, et ils souffrirent avec une constance héroïque les plus horribles tortures.

Les premières rigueurs du roi sous le sceptre duquel vivait Titus tombèrent sur cet homme respectable. « Si je puis réussir, pensait ce prince, à contraindre à l'apostasie cet homme influent, révéré de tous les chrétiens, les autres ne tarderont pas à suivre son exemple. »

Il le fit appeler dans son palais et employa toute son éloquence pour le faire renoncer à la foi de Jésus-Christ. Puis, voyant l'inutilité de ses discours captieux et de ses séduisantes promesses, il le menaça de le faire mourir dans les plus cruels tourments. Titus demeura inébranlable.

« Je suis et serai toujours prêt, répondit-il, à sacrifier mon sang et ma vie pour mon souverain ; mais je ne saurais lui sacrifier mon âme. Ma fidélité envers le Dieu vivant que j'adore vous est un gage de la fidélité que je vous ai jurée, à vous mon roi, et à notre empereur. Pourtant je suis mille fois plus disposé à mourir, s'il le faut, pour le souverain Maître du ciel et de la terre, en restant fidèle à mon divin Sauveur. Sachez que, pour nous autres chrétiens, la mort, et surtout la mort pour la foi, n'est que le passage à une vie meilleure, à une félicité éternelle. »

Le roi s'écria, plein de couroux : « Eh bien, puisque tu ne crains pas la mort, je saurai trouver d'autres moyens de te réduire à l'obéissance. » Et, en disant ces paroles, il lui tourna le dos et lui fit signe de se retirer.

Titus était père de trois enfants, tous donnant les plus belles espérances. Simon, son fils aîné, n'avait que seize ans ; Martine, sa fille, en avait quatorze ; Mathias, le plus jeune de ses fils, entrait à peine dans sa neuvième année.

Titus et son épouse, qui l'égalait en piété, en vertu et en courage, s'étaient toujours appliqué à donner à leurs enfants une éducation pieuse, à les bien pénétrer des divins préceptes de la religion chrétienne.

Le lendemain du jour où le roi avait fait à Titus de si terribles menaces, et au moment où le père, la mère et les enfants, agenouillés devant le crucifix, faisaient leur prière du matin, la maison fut tout-à-coup cernée par un détachement de soldats. Le chef, capitaine des gardes du roi, entra brusquement dans le salon de famille, et dit au père : « J'ai ordre d'emmener le plus jeune de tes fils. Si cet enfant n'abjure pas la religion chrétienne, il sera brûlé vif. »

A ces paroles foudroyantes, le père fut consterné, la mère devint pâle comme la mort. Cependant l'idée que cet aimable enfant devait périr dans les flammes les effrayait encore moins que la crainte que ce petit garçon, si jeune encore, ne fût saisi d'effroi en voyant le bûcher allumé, et que cette peur ne le forçât à renoncer à Jésus-Christ.

« O mon enfant! dit le père, songe à ce pieux vieillard, à saint Polycarpe, dont je t'ai plusieurs fois raconté la légende. Rappelle-toi que lorsque les païens lui dirent : « Renie et maudis Jésus crucifié, ou tu seras brûlé vif, » il répondit : « Je le sers depuis quatre-vingt-six années, jamais il ne m'a fait aucun mal; comment pourrais-je donc renier ou blasphémer mon maître? » et il monta courageusement sur le bûcher. O mon enfant! qu'il doit être adorable, ce Maître divin pour lequel, après quatre-vingt-six années de fidèle dévouement, on aime encore à se précipiter dans les flammes! Eh bien! ce que le saint martyr fit au terme de sa vertueuse carrière, aie le courage de le faire toi-même à l'aurore de ta vie. »

La mère, se souvenant, malgré ses pleurs, de la mère des Machabées, s'écria : « Oui, mon enfant!

toi que j'aime, que je chéris de toute mon âme, je t'en conjure par ton amour pour moi, meurs comme un jeune martyr de la foi. »

Le petit garçon répondit : « Maman ! ma chère maman ! ne pleure pas, je t'en prie ! je ne crains pas la mort, et je suis heureux de pouvoir donner ma vie pour Jésus-Christ Notre-Seigneur. »

Son frère et sa sœur, fondant en larmes, lui firent leurs adieux. Toute la famille voulut accompagner jusqu'au lieu du supplice cet héroïque et pieux enfant ; mais le guerrier les repoussa brutalement et déclara que nul d'eux ne sortirait de la maison.

Alors Simon et Martine éclatèrent en sanglots, et Mathias, s'échappant de leurs bras, leur dit : « Oh ! laissez-moi partir. Je pars avec joie, car je vais au ciel ! et nous nous y reverrons tous. »

Emu lui-même de cette scène déchirante, le capitaine s'écria : « Père barbare, mère sans entrailles ! faites donc ce que le roi vous commande, et votre enfant sera sauvé ! Aurez-vous l'affreux courage de livrer au bûcher cette innocente créature ? »

Le père et la mère répondirent : « Crois-tu donc que nous nous séparons sans peine de ce cher enfant ? » Puis s'adressant à celui-ci, ils lui dirent : « Adieu, notre fils bien-aimé, pars, et que le Seigneur soit avec toi. Un court instant de souffrance te procurera des joies et des félicités éternelles ! »

Le pauvre petit Mathias partit, emmené par le vieux guerrier. Souvent, oh ! bien souvent il tourna la tête pour jeter encore un dernier regard sur ses parents. Des larmes coulaient le long de ses joues, et pourtant un sourire céleste reposait sur ses lèvres. Toute sa famille le suivit des yeux jusqu'à ce qu'il fut entré dans le palais du roi, situé au bout de la même rue, et qu'ils pouvaient apercevoir de leurs fenêtres.

La première cour de ce palais était entourée d'une muraille fort élevée. Tous les membres de l'infortunée famille dirigèrent leurs regards douloureux sur cette enceinte. « Dieu du ciel, s'écria tout à coup la mère, voyez-vous la fumée qui s'élève en noirs tourbillons ; déjà les barbares brûlent notre pauvre Mathias !... » Le père, tout consterné qu'il était, pensa au sacrifice d'Abraham, leva ses regards vers le ciel et dit : « Dieu éternel, daignez agréer cet holocauste comme vous daignâtes agréer celui du saint patriarche ! » Et tous s'agenouillèrent en priant avec ferveur, comme s'ils avaient été au pied d'un autel où l'on eût consommé un sacrifice agréable au Seigneur.

L'aube matinale du lendemain trouva le père, la mère et les deux enfants qui leur restaient, encore baignés de larmes versées durant une nuit de douloureuse insomnie. La lueur rougeâtre de l'aurore qui se montrait à l'horizon leur rappela les flammes qui avaient dévoré le bon petit Mathias.

Peu d'heures après, le même capitaine des gardes se présenta de nouveau chez Titus. « Votre jeune fils, dit-il aux malheureux parents, est déjà réduit en cendres ; maintenant je viens chercher votre fille. Cependant, ajouta-t-il en se tournant vers la jeune fille, si tu montres moins d'obstination et de démence que ton frère, le roi veut t'épargner et te donner une parure d'or et de perles. »

Martine répondit : « Je n'ai besoin ni d'or, ni de perles ! La foi éprouvée par les souffrances est plus précieuse que l'or purifié par le feu du creuset, et la religion et la piété sont les pierres les plus précieuses, ce sont des trésors impérissables : aucun sacrifice ne doit nous coûter pour les conserver. A quoi servirait à l'homme mortel de gagner tous les trésors de la terre, si la possession de ces richesses devait entraîner la perte de son âme ?

— Hélas ! reprit le capitaine en considérant la jeune fille avec une vive émotion, il serait pourtant bien déplorable que ces traits charmants fussent déformés par la douleur, que cette beauté naissante périt comme une fleur arrachée à sa tige ! »

Martine répondit aussitôt : « *Toute chair est comme l'herbe, et toute beauté humaine est comme la fleur des champs. L'herbe se dessèche, la fleur tombe, mais l'âme qui garde la parole de Dieu vivra éternellement.*

— Eh bien ! continua le capitaine, je dois t'apprendre le sort qui t'est réservé : tu vas être jetée dans la fosse aux tigres ; ils vont te déchirer et te dévorer vivante. Songe bien aux horreurs de ce supplice, avant de t'y dévouer. »

Martine pensa aussitôt à saint Ignace, évêque et martyr, qui fut jeté aux lions pour leur servir de pâture, et, comme lui, elle s'écria : « *Je suis le froment de Dieu; je dois être moulue par la dent des bêtes, afin de devenir un pain pur et digne de lui.* »

Ces paroles remplirent l'âme du père d'une consolation céleste. « O ma fille chérie ! s'écria-t-il en la serrant avec tendresse dans ses bras, sois mille fois bénie, âme pure et bienheureuse ! ton cœur a dignement reçu la parole divine et l'a conservée fidèlement, et la grâce du Seigneur éclaire ton esprit et soutient ton courage. »

La mère versait un torrent de larmes en pensant que sa fille chérie allait souffrir une mort si cruelle; néanmoins elle se sentit fortifiée dans sa propre foi en Jésus-Christ et en la vie éternelle par la foi vive et l'inébranlable piété de cette tendre vierge. Elle lui dit : « Adieu, ma fille bien-aimée; va où t'appelle la volonté du Seigneur. Reçois ma bénédiction maternelle; la grâce de Jésus-Christ ne t'abandonnera pas; elle te soutiendra jusqu'au dernier moment dans ce terrible combat pour le triomphe de la foi. »

Le père, la mère et le frère embrassèrent la jeune martyre au milieu des larmes et des sanglots. Enfin, la généreuse enfant s'arracha de leurs bras et leur dit avec tout le courage de l'inspiration divine : « O mes chers parents ! mon frère bien-aimé, cessez de pleurer et de vous affliger ; réjouissez-vous avec moi ; il me semble déjà voir les demeures célestes s'ouvrir pour me recevoir. Là, nous serons tous réunis. Là, en présence de Jésus-Christ, de la sainte Vierge et de tous les bienheureux, nous goûterons désormais les félicités éternelles et ineffables. »

Alors elle présenta sa main au capitaine, qui l'emmena pour la conduire au lieu du supplice.

Dans la matinée du troisième jour, le capitaine revint encore. « Votre fille, dit-il, a péri avec plus de fermeté qu'on ne devait en attendre de son sexe et de son âge. Il faut me livrer à présent Simon, votre fils aîné. Pourtant je veux bien vous accorder quelques moments de réflexion. Profitez-en, je vous en conjure ; réfléchissez au parti que vous allez prendre. Voulez-vous être privé de tous vos enfants ? Oserez-vous, en parents barbares et dénaturés, pousser la folie et l'obstination jusqu'à dévouer vous-mêmes votre malheureux fils à une mort cruelle, lorsqu'il vous est facile de le sauver ? Regardez-le, ce pauvre jeune homme, si beau, si plein de santé et de vigueur ! de tous vos enfants, c'est le seul qui vous reste, c'est maintenant votre fils unique, l'unique objet de votre tendresse ; il fait vos délices, il sera la consolation de votre vie et le soutien de votre vieillesse. Ah ! je le vois, vos regards et les siens le témoignent assez, votre fils vous aime, il vous chérit, et vous le chérissez. Conservez-le du moins, pour vous fermer les yeux. Engagez-le à sauver sa vie en se soumettant aux ordres du roi. Que pouvez-vous contre la volonté de ce prince ? Il a le pouvoir de lui faire subir des supplices horribles. »

Le jeune homme répondit : « Vous n'avez d'autre pouvoir sur moi que celui que vous accordera la volonté du Très-Haut. Vous ne sauriez me faire subir des supplices autres que ceux qui m'ont été destinés par les décrets de la divine Providence. Et pourrais-je pour lors refuser de boire le calice que mon Père céleste me présente ? Son divin Fils lui-même a daigné subir les horreurs du dernier supplice pour le salut des hommes. Oh ! qu'il est doux et glorieux de mourir pour la gloire de celui qui, en prodiguant son sang précieux, a racheté les péchés du monde, et nous a sauvés de la damnation éternelle !

— Sais-tu que tu vas être crucifié ? Tel est l'ordre du roi. Des clous traverseront tes pieds et tes mains, tu expireras sur la croix, et ton agonie durera plusieurs jours.

Pour toute réponse, Simon s'écria : « Oh ! quelle gloire pour moi de mourir par le même supplice que mon divin Rédempteur ! Je m'efforcerai d'imiter l'exemple de Jésus, de souffrir avec douceur et résignation, et de prier pour mes bourreaux pendant que mon sang coulera, jusqu'à ce que je puisse dire avec mon divin Maître : *Tout est consommé.* »

Bien, très bien, mon cher fils, reprit le père ; Dieu veuille te donner la force de persévérer jusqu'à ton dernier soupir ! Quoique tu ne sois qu'un adolescent, le Seigneur t'a inspiré le courage d'un homme. Que la grâce divine t'accompagne et demeure avec toi, afin qu'en toi aussi s'accomplissent ces saintes paroles de l'Evangile : *Bienheureux celui qui supporte ses épreuves avec résignation ; car, ayant été trouvé constant, il recevra la couronne de vie que le Seigneur a promise à tous ceux qui l'aiment.*

Simon, joignant pieusement les mains, leva ses regards vers le ciel. Puis soudain il courut embrasser pour la dernière fois son père et sa mère, et sortit d'un pas ferme. Le capitaine le suivit.

Titus et son épouse passèrent toute la nuit à veiller et à prier. Ils s'adressèrent réciproquement des paroles de consolation et d'encouragement. Le lendemain, dès l'aurore, ils attendaient, d'heure en heure, leur arrêt de mort.

En effet, le capitaine des gardes ne tarda pas à se présenter.

« Noble dame, dit-il à Marie, le roi m'a chargé de te conduire en sa présence. Ni toi, ni ton mari, vous n'avez eu aucune pitié de vos pauvres enfants; vous les avez sacrifiés. Ayez au moins pitié de vous-mêmes. Faudra-t-il que cette noble tête tombe sous la hache du bourreau? car tel est le sort qui l'attend. Eh quoi! tu souris! Tu lèves vers le ciel des regards radieux! Regardes-tu comme rien une mort ignominieuse! Tu es encore à la fleur de ton âge. »

Remplie de sentiments célestes, Marie répliqua : « En sortant de cette vie périssable, j'entrerai tout de suite dans la vie éternelle; je rejoindrai mes enfants. L'idée de quitter mon mari ne m'afflige pas non plus; car je suis certaine qu'aujourd'hui ou demain il me suivra. Ah! lorsque je pense au séjour céleste, combien notre vie sur la terre me paraît triste et peu regrettable! C'est dans le ciel que nous serons heureux. Là, plus de pénibles séparations, plus de larmes, plus de soupirs! *Nul œil n'a vu, nulle oreille n'a entendu, le cœur d'aucun homme n'a jamais conçu toute l'immensité du bonheur que Dieu prépare à ceux qui l'aiment.*

— Et c'est là notre meilleure consolation, notre plus délicieuse espérance, ajouta Titus. Combien de moments de tristesse n'avons-nous pas eus sur la terre! Ces derniers jours surtout, nos cœurs ont été profondément affligés de la perte de nos enfants : eh bien! ces souffrances ne sont que passagères, et *il n'y a nulle proportion entre les afflictions de la vie présente et les félicités et la gloire du siècle à venir.* »

Marie alla prendre son voile; avant de s'en couvrir, elle embrassa encore son époux, et lui dit : « Cher époux, en te quittant pour aller mourir, je ne te ferai point de tristes adieux. Il me semble que je vais seulement traverser la rue pour me retirer dans une habitation voisine où tu ne tarderas point à me suivre. Va, la mort ne nous séparera que pour un très court instant ; bientôt elle nous réunira pour l'éternité auprès de Jésus, de la sainte Vierge, des saints Apôtres et de tous les bienheureux habitants du royaume céleste. Pourquoi donc nous affliger? Il faut, au contraire, nous réjouir. Déjà la foi et l'espérance nous ont donné un avant-goût du bonheur qui va être notre partage. »

En achevant ces paroles, elle sortit de l'appartement à pas précipités : le capitaine des gardes l'accompagna.

Avant qu'une heure fût écoulée, le capitaine revint : « Titus, s'écria-t-il, suis-moi sur-le-champ, le roi te demande. »

Titus le suivit aussitôt, et le capitaine l'introduisit dans les appartements du roi. Il trouva le prince dans son cabinet, assis à côté d'une table sur laquelle étaient étalés de magnifiques vêtements de pourpre et de soie, des vases d'or et de vermeil, et une énorme quantité de riches bijoux tout resplendissants de diamants, de rubis, d'émeraudes et de perles fines. En entrant, Titus fit au roi un profond salut, mais sans daigner jeter un seul regard sur toutes ces richesses. Le roi, qui s'en aperçut, lui dit : « Ces richesses n'ont rien qui te tente, à ce qu'il paraît, et je le conçois, tes enfants mêmes les ont refusées avec dédain. Suis-moi, je vais te montrer des trésors bien autrement précieux. »

Titus répondit : « Epargnez-vous cette peine, ô mon roi ! je vous demande seulement la grâce de me faire conduire sans délai au lieu de supplice arrosé du sang de mes enfants et de mon épouse. Le monde n'a plus rien qui puisse m'attacher ni me tenter ; tous les trésors que vous pourriez me montrer n'ont aucune valeur à mes yeux. »

Le roi répliqua : « Cependant, viens et regarde ! » Il ouvrit une porte et lui ordonna d'entrer. Titus obéit. Il se trouva dans une salle décorée avec magnificence, et à peine eut-il avancé d'un seul pas qu'il s'arrêta soudain muet immobile de surprise : il ne pouvait en croire ses yeux. A l'autre bout de cette salle il voyait son épouse assise au milieu de ses trois enfants, tous occupés d'une conversation vive et joyeuse. Ils n'avaient point remarqué son entrée dans la salle, et lui-même fut un instant sans pouvoir ni avancer ni parler; enfin il courut les bras ouverts jusqu'à sa famille, et s'écria : « Dieu du Ciel! c'est vous, êtres chéris? Tu vis encore, ma chère épouse? et toi, ma chère fille, tu n'a pas été dévorée par les bêtes féroces? et vous, mes chers fils, on ne vous a pas égorgés? vous que je croyais morts au milieu des plus horribles supplices, je vous retrouve tous en vie? comment cela se fait-il? je ne puis le concevoir, et il me semble que vous êtes ressuscité par quelque miracle. »

En entendant ces exclamations rapides, sa famille le reconnut, et tous se précipitèrent vers lui. Sa femme l'embrassa avec transport et le mouilla de larmes de joie. Ses enfants, pressés autour de lui, baisaient ses mains et embrassaient ses genoux; ils étaient tous au comble du bonheur.

Ce spectacle attendrissant produisit dans le cœur du roi une émotion profonde et délicieuse; lui-même eut de la peine à retenir ses larmes. Enfin, Titus se remettant du trouble où l'avait jeté l'excès de son bonheur, dit au roi : « Daignez m'expliquer comment, après de si terribles menaces, vous nous montrez cet excès de clémence et de bonté. »

Le roi répondit : « Je me crois obligé de t'apprendre les motifs de ma conduite. Tu n'ignores pas que j'étais loin d'être partisan du christianisme. Les ordres émanés de l'empereur notre souverain m'ont décidé facilement à chercher les moyens les plus efficaces d'étouffer dans mes Etats la religion de ce Jésus de Nazareth, le crucifié, que j'abhorrais.

Comme tu passais parmi les chrétiens pour l'un des principaux membres de leur communion, tu devais naturellement fixer mes premiers regards. J'espérais, dans le cas où tu m'obéirais, que ton exemple et ton influence détermineraient les autres chrétiens à renoncer également à leur religion, et que, dans le cas où tu me résisterais, ton supplice les intimiderait. Tu as résisté à mes menaces. Alors je me suis proposé de t'attaquer d'une manière plus sensible. Il me semblait qu'un père tendre comme tu l'es aimerait mieux renoncer aux croyances du christianisme que de laisser périr ses enfants dans d'horribles supplices. Je me trompais.

» Mais il faut que je te dise ce qui est arrivé, lorsque ta femme et tes enfants ont été successivement amenés dans mon palais. Ce récit t'intéressera.

» J'avais fait appeler d'abord le plus jeune de tes fils. Mon capitaine des gardes avait ordre de t'annoncer le cruel supplice réservé à cet enfant. En me l'amenant, le vieux guerrier me rendit compte de l'entretien qui avait eu lieu entre cet enfant et ses parents au moment de cette cruelle séparation. Je pris cet aimable petit garçon sur mes genoux, je lui prodiguai mille tendres caresses, je lui montrai une multitude de jouets et d'autres objets dont la vue et la possession ont tant de charmes à son âge, et j'offris de lui faire cadeau de tout cela s'il voulait renoncer à Jésus-Christ et entrer dans les écoles païennes ; il répondit par un signe de tête tout à fait négatif. Alors je le fis conduire au pied du bûcher déjà allumé. Ma surprise fut extrême de voir l'air radieux avec lequel cet enfant si jeune, après avoir fait le signe de la croix, s'apprêtait à s'élancer au milieu des flammes. J'eus pitié de ce pauvre innocent, je donnai ordre de suspendre le supplice et de conduire cet enfant dans une chambre de mon palais où il resterait sous bonne et sûre garde, mais où l'on ne devait le laisser manquer de rien.

» J'envoyai de nouveau le capitaine chez vous, en lui recommandant de vous laisser dans la persuasion que votre enfant avait péri sur le bûcher. Je lui avais prescrit de m'amener votre fille et de vous déclarer quel genre de supplice on lui destinait. Le capitaine revint et me raconta en secret tout ce qui s'était passé entre elle et ses parents. J'offris à Martine les parures, les étoffes les plus brillantes et les plus capables de tenter la vanité d'une jeune personne. Je lui fis montrer aussi les redoutables tigres renfermés dans leur cage, et dont les yeux étincelants et la gueule béante semblaient témoigner une féroce impatience de la déchirer et de se désaltérer de son sang. Puis on la conduisit au milieu de la cour ; les gardes se retirèrent; moi et ma suite, placés à une des fenêtres du palais, nous examinions sa contenance. Elle resta debout; ses traits exprimaient cette sérénité céleste que vos légendes prêtent aux anges du ciel, et elle attendit sans crainte le signal auquel devaient s'ouvrir les loges des bêtes féroces. Comment aurais-je eu le courage de permettre que cette douce et angélique créature fût dévorée par les tigres! Je ne le pus, et je m'empressai de donner contre-ordre.

» Quoiqu'à peine adolescent, votre fils aîné se montra non moins inébranlable : il me parla avec la fermeté et l'énergie d'un homme fait. J'ordonnai de le conduire au lieu du supplice. Là une énorme croix et tout à côté le marteau et de gros clous s'offrirent à ses regards ; néanmoins il ne témoignait pas la moindre peur. Il n'attendit point que les bourreaux le jetassent sur la croix, il s'y plaça de lui-même, les bras étendus, et leur dit : « Faites ce qui a été commandé : je suis glorieux de mourir comme mourut notre divin Sauveur. »

» En vérité, ajouta le roi, j'ai reconnu dans vos enfants l'action d'une puissance mystérieuse et sans doute céleste, contre laquelle se briseraient toutes les violences du pouvoir temporel. Je me sentis vaincu. Je conduisis moi-même ce pieux jeune homme auprès de son frère et de sa sœur. Ton épouse, à son tour, me parut la digne mère de ces héroïques enfants; je les lui ai rendus, et je te rends à toi les enfants et la mère. »

Le roi embrassa Titus et ajouta : « Une religion qui produit de tels fruits, qui forme des cœurs si vertueux, qui sanctifie et resserre les liens de la tendresse paternelle et filiale, qui nous inspire un tel courage à l'aspect de la mort, qui nous donne enfin une si ferme espérance en une vie meilleure après le trépas; une telle religion doit être une religion de vérité, une religion émanée du Ciel. Il était réservé à toi et à tes enfants de me faire comprendre combien il y a de grandeur, d'élévation et de puissance dans les doctrines de la religion chrétienne, et combien est immense le bienfait que le Ciel nous a accordé en la révélant à la pauvre humanité.

» Et maintenant, mon cher Titus, ajouta-t-il, soyons amis! Je suis fermement résolu d'abjurer le paganisme et de me convertir à la religion chrétienne. Dès ce moment, je mets toute mon ambition à devenir membre de votre bonne et vertueuse famille, et à appartenir à la communion des fidèles. Je prévois que la persécution contre les chrétiens ne cessera pas de sitôt dans notre pays, et que je serai forcé d'abdiquer ma couronne. Mais peu m'importe. Que sont toutes les couronnes terrestres en comparaison de ces couronnes impérissables, resplendissantes de gloire et de félicité, qui sont réservées à tous ceux, quel que soit d'ailleurs leur rang, qui, comme vous, persévèrent dans les principes de *la foi*, de *l'amour* et de *l'espérance!* »

FIN.

Rodez, impr. de E. Carrère.

www.ingramcontent.com/pod-product-compliance
Lightning Source LLC
Chambersburg PA
CBHW070458080426
42451CB00025B/2785